AF373601

A LA MÉMOIRE

DE

Henri BOHIN

DÉCÉDÉ DANS LA PAIX DU SEIGNEUR

Le 21 Mars 1878

HENRI BOHIN

—

E 21 mars de l'année 1878, mourait dans la paix du Seigneur, au sein de sa pieuse famille, à l'âge de 20 ans et quelques mois, Henri Bohin, dont le nom seul évoque à Saint-Sauveur-de-Redon et partout où ce bon jeune homme a été connu, les meilleurs souvenirs.

Henri naquit à Issé, non loin de Châteaubriant (Loire-Inférieure), de parents très-honorables et surtout très-chrétiens, le 3 décembre de l'an du Seigneur 1857.

Doué du caractère le plus charmant et le plus docile, dès sa première enfance, qui fut la joie des siens, il répondit parfaitement à l'excellente éducation première qu'il reçut. Il était bon, candide, quant à la rentrée des classes de l'année scolaire 1866-67, il fût envoyé à ce collège Saint-Sauveur. Il avait alors 9 ans, Henri se montra, dès son arrivée, ce qu'il était chez ses parents ; un peu vif, un peu pétulant peut-être, mais toujours obéissant et respectueux envers ses maîtres, et aimable à l'égard de ses petits con-disciples. Aussi l'année suivante, fit-il sa première commu-nion de la manière la plus édifiante, et à partir de ce moment souvent décisif dans la vie chrétienne, il fit de rapides et très-réels progrès dans la piété.

Il était encore bien jeune, quand il sollicita et obtient l'insigne faveur d'être admis dans la petite Congrégation de la Reine des Anges et des S. S. Anges, dont les portes ne sont ouvertes qu'aux écoliers dont la vertu paraît déjà solide, car ils doivent être dans le collège, par leur exem-ple surtout, ce bon levain qui y fait sentir une salutaire influence.

Bientôt le jeune disciple des S. S. Anges, dont les qua-lités étaient à tous très-sympathiques, fixa le choix de ses jeunes confrères, il fut élu successivement aux diverses petites dignités de la Congrégation, et il ne tarda pas même à se voir appelé par eux à exercer la charge de Préfet.

Tous ceux qui le connurent alors se souviennent com-ment il prit au sérieux le rôle qu'il avait à remplir, com-ment partout, à l'église, en classe, à l'étude, et en récréa-tion surtout, il devint l'exemple de tous, se faisant déjà, sans s'en rendre un compte bien exact peut-être, « *tout à tous, pour les gagner à J.-C.* »

Il en fut constamment de même quand, après avoir passé de la division dite des petits dans la division des moyens, de cette dernière, il passa dans celle des grands. Ce passage de la division des plus jeunes, transition en même temps de la première enfance aux allures plus sim-ples à l'adolescence parfois trop irréfléchie, devient souvent périlleux pour la vertu de plusieurs, comme l'expérience des collèges le démontre sans cesse. Ce passage ne fit qu'affermir les dispositions du cher Henri.

Entré dans cette catégorie dite des grands, il demanda de suite et obtint sans peine son admission dans la Congrégation de l'Immaculée Vierge Marie. Là encore, dès qu'il eut fait sa consécration, il remplit par le choix presque toujours unanime de ses émules, les diverses charges et bientôt même celle de Préfet. Sa responsabilité comme tel, car Henri regardait bien cela comme une vraie responsabilité, devenait plus grande, plus étendue. Il sut y répondre, à la satisfaction de ses maîtres, et pour le bien de ses Condisciples. De plus en plus plein de ce bon esprit qui le portait à être agréable à tous, il acquit cette espèce de popularité d'excellent aloi par laquelle il a fait tant de bien à Saint-Sauveur, qu'on peut dire de lui, en une certaine mesure, « *Qu'il a passé, en ce collège, en faisant le bien. — Pertromsiit benefaciendo* ».

Ces fonctions de Préfet de la Congrégation, il les exerça avec piété, avec zèle, mais surtout avec ce tact et cette franchise, qui lui gagnaient tous les cœurs. Aussi ses avis, quand il croyait bon d'en donner à quelques condisciples, étaient-ils toujours parfaitement accueillis, et produisaient les plus heureux fruits.

Cependant le cher ami, sans empressement et sans impatience, attendait l'heureux moment où, d'après les règlements en usage à Saint-Sauveur, il lui serait permis d'entrer dans la Conférence de Saint-Vincent-de-Paul. Il méritait mieux que personne cette admission « *la plus haute récompense accordée aux élèves solidement vertueux* », comme s'exprime la règle approuvée pour l'Institution Saint-Sauveur.

Dès qu'il y fut admis, il s'adonna corps et âme à cette belle œuvre, et sans qu'il fit rien d'extraordinaire à dessein, il fut bientôt connu de tous les pauvres protégés de sa Conférence. Or lorsque, dans les premiers temps, il n'occupait aucun poste qui le mit en relief, à cause de son air franc et enjoué, tous les pauvres le distinguèrent, l'estimèrent et bientôt l'aimèrent.

Dès lors partout et toujours, il s'étudiait, dans sa petite sphère, à veiller à leurs intérêts; ce qui se manifesta bientôt d'une manière remarquable, quand la confiance des Directeurs du collège l'investit du soin de la petite boutique dite des pauvres, parce que tout les petits profits qui y sont faits, leur sont absolument consacrés.

Henri si ami des pauvres, était en même temps très-aimé de ses condisciples. Il arriva de là que ce fut une ardeur soutenue à fréquenter son magasin. Cependant, et qu'on le remarque bien, strict observateur de la consigne, le jeune boutiquier ne vendit jamais de bonbons et ne fit jamais de commissions pour les condisciples, sans l'autorisation expresse de ses supérieurs! Mais il excellait avec cet enjouement qui lui était propre à faire valoir ses cannettes, ses toupies, ses plumes, sa ficelle, etc. etc., et à satisfaire sa clientèle parfois bien turbulente. Et quand venait la fin de chaque trimestre, et qu'il avait avec l'aide de son coadjuteur, supputé les dépenses et les gains, il se trouvait largement récompensé de ses peines et soins, lorsqu'il pouvait, sur tous ses petits profits réunis, remettre au R. P. supérieur pour les pauvres honteux, une somme de 100 francs, et une somme pareille au Trésorier de la Conférence, pour ses œuvres ordinaires.

Par ailleurs, à la desserte quotidienne des tables, comme dans les promenades charitables à la compagne, il épanouissait tous les visages parfois si tristent de ceux qui souffrent. Aussi, à un déjeuner offert, comme en ce jour, à tous nos pauvres, sous les vieux cloîtres de Saint-Sauveur, le Président qu'allait quitter le collège, (car il était arrivé au terme de ses études), faisant ses adieux à nos protégés, ces braves gens le remerciaient cordialement de ses bontés pour eux, en ajoutant : « Lequel donc de ses messieurs vous remplacera » ? Ils n'avaient pas fini que l'un d'eux, apercevant Henri, s'écria : « Mais c'est monsieur qui va devenir notre Président ». Par le fait, sans qu'il en eût été rien dit au préalable, c'était Henri, qui devait être installé le soir même, par suite du choix unanime de ses Confrères de la Conférence. Bien certainement, si cette élection avait été dévolue à nos pauvres amis, toutes leurs voix se seraient portées sur lui.

Pendant les vacances qui suivirent de près son installation, le cher Henri, se préoccupait, même au milieu des joies de la famille, de ses pauvres protégés de la Conférence, et dès qu'il fût de retour à Saint-Sauveur, il remplit ses fonctions avec un dévouement sans pareil. Or ici, ces fonctions de Président de la Conférence sont loin d'être un vain titre. Souvent, très-souvent même le Président, après un labeur consciencieux, est obligé de laisser là les récréations les plus belles, celles qui suivent le dîner et la classe du soir, pour aller en passer tout le temps au parloir des pauvres. Au premier appel, Henri abandonnait les jeux les plus animés, et allait près de ses amis souffrants. Là, il écoutait avec une douce bienveillance le long récit de leurs peines, accueillait leurs demandes pour les transmettre fidèlement à ses jeunes Confrères, qui ne manquaient guère d'y acquiescer, tant elles étaient faites avec cet esprit de mensuétude et de commisération, qui semblaient être l'âme de ce bon jeune homme. Alors, au premier moment il retournait vers ses chers solliciteurs leur annoncer tout joyeux que leurs demandes étaient accueillies, qu'ils avaient l'habillement désiré, le bon de pain sollicité, un peu de viande pour faire du bouillon à leurs malades, etc. Puis lui-même il allait leur chercher quelque chaussure, et objets qu'il pouvait trouver au vestiaire se montrant dans ses rapports avec eux, selon le texte des Saints-Livres; affable aux pauvres, etc.. dans toute l'acception du mot.

Aussi, d'après l'affirmation de notre cher Directeur spirituel, qui modère la Conférence depuis son établissement déjà très-ancien à Saint-Sauveur; Henri fut-il un des jeunes Présidents, qui comprit ses fonctions avec le plus vif esprit et ardente charité.

Par suite, quel doux empire, il l'exerçait sur tous ces pauvres gens, qui ne cessaient de lui donner des preuves de leur gratitude et de leur affection pour lui !

Cela se manifesta surtout en deux circonstances trop mémorables pour ne point trouver place ici.

Henri était malade, d'une bronchite très-grave, et couche à l'infirmerie, il n'avait pas paru au milieu de ses bons pauvres depuis de longs jours. Arriva la belle fête des étrennes que nous donnons chaque année à tous nos protégés. Ceux-ci, après le chant des Vêpres à la chapelle, étaient montés à la grande salle des jeux où devait se tirer une superbe loterie, où tous les numéros sont gagnants. Henri, sur l'autorisation du docteur, fait tout-à-coup une apparition dans la salle. Son entrée est saluée avec des cris de joie et de bonheur, et lorsqu'il veut distribuer à chacun des pauvres assistants des oranges et quelques fragments d'un beau gâteau bénit, c'est à qui lui dira les choses les plus aimables, les plus empreintes d'un profond esprit de gratitude. C'est encore mieux quand il se mit à distribuer de gros paquets d'habillement, pour l'hiver, aux pauvres de la campagne.

La seconde circonstance, tous la connaissent, mais comme il est bon de la rappeler ici à la louange de ces pauvres trop souvent et trop généralement taxés d'ingratitude !

Henri avait été contraint de quitter le Collége, toujours pour raison de santé. Nos pauvres, ceux de la ville surtout, apprennent un jour que leur jeune et bien-aimé Président, dont ils regrettent si vivement la longue absence, est plus mal ; qu'on a de justes inquiétudes de le voir succomber. De suite, ces braves gens ouvrent entre eux une sorte de souscription, et prélèvent sur leur extrême indigence, sou par sou, les honoraires d'une messe à dire pour le malade, et l'achat d'un petit cierge pour le faire brûler, à son intention, à l'autel de la B. V. Marie, salut des infirmes. Notre bon et pieux camarade fut immédiatement instruit de cette marque si touchante de respectueux attachement. A cette nouvelle, il fondit en larmes, et dit : « eh ! qui suis-je donc pour qu'on pense ainsi à moi ? »

A Issé, sa pensée, malgré ses souffrances, se reportait

sans cesse vers son cher Saint-Sauveur, vers ses bons maîtres, ses dévoués condisciples , mais surtout vers ses bien-
aimés pauvres. Il n'était jamais plus heureux qu'au jour
où quelque lettre venue de Redon lui donnait des nouvelles
de sa Conférence, et lui parlait du père Guillas, de la mère
Jean, de la mère Noël et des autres. La bonne mère Noël
devait le précéder en un bon meilleur, et allait lui préposer
pour un terme prochain, la place promise au Paradis par le
Divin Maître aux cœurs miséricordieux. Mais enfin, pourrait-
on dire, est-ce que le cher Henri dont l'âme était vraiment
si sympathique à tous, ne le devait pas quelque peu au pres-
tige de grands talents, à de grands succès obtenus dans ses
études. Eh bien! non ; tous le savent, ce bon jeune
homme , qui avait un esprit droit, la parole facile, et dont
le travail fut toujours consciencieux, n'eut jamais de grand
succès dans ces classes. Il devait surtout l'ascendant très-
réel qu'il exerçait autour de lui, à son excellent naturel,
mais encore plus à sa vertu solide qu'il savait rendre si aimable. Régulier et exact, surtout dans les hautes classes, il
comprenait aussi bien la loi du jeu, imposée à si juste titre
dans les Collèges chrétiens que la loi du travail et du
silence dans les classes et les études. Tous savent l'entrain
que les jeux empruntaient à la présence d'Henri. Tous se
souviennent de ces charmantes chasses à l'écureuil, aux
promenades d'hiver. Ils savent avec quelle bonne grâce il
se prêtait, pour l'agrément de tous, à ces petites fêtes
scéniques où certes, il s'épargnait d'autant moins qu'il
savait que le bien de ses chers pauvres y était toujours
quelque peu intéressé. Aussi, étais-ce plaisir de voir dans
les entr'actes, les sous de ses condisciples, à défaut des pièces

blanches, pleuvoir dans la bourse plus ou moins excentri-
que qu'il leur tendait gracieusement.

Aux fêtes de l'Église, si belles à Saint-Sauveur de Redon,
c'était encore mieux, car alors il y allait de la plus grande
gloire de Dieu directement, mobile si puissant sur son
âme essentiellement pieuse. Oh! alors, et pour le plain-
chant, comme pour la musique ordinaire dans le chant
des cantiques français, Henri se serait fait un scrupule de
ne pas déployer toute sa voix, là comme partout ailleurs
sympathique et belle surtout parce qu'elle était très-reli-
gieuse.

Tel fut à Saint-Sauveur de Redon, notre cher ami et
condisciple Henri.

Sa conduite exemplaire lui méritait chaque année le
beau prix d'honneur, et à la fin de sa rhétorique, il mérita
le prix d'honneur par excellence, celui fondé par l'association catholique des anciens élèves. Qui d'entre nous pré-
sents alors en ce collège, ne se rappelle combien, à cette
occasion, ce cher condisciple fut longuement, chaleureuse-
ment et universellement applaudit.

Ces mêmes applaudissements recommencèrent quand,
après des alternatives de bien et de mal, Henri se crut
assez fort pour venir au mois d'octobre 1877, assister à la
réunion des anciens élèves. Pour la première fois, cette
réunion se célébrait en présence et avec le concours des
élèves actuels, et quel en fut le charme?

Quels transports, tous s'en souviennent, quand monsieur
Alfred Michel, vice-président de l'association, invita Henri
avec Eugène Léon, lauréat de l'année 1876-77, à venir
prendre place à la table d'honneur du banquet fraternel?

Mais le cher ami n'était pas venu à Saint-Sauveur; pour y recueillir des applaudissements ; il n'y était pas venu même dans le but bien précieux cependant pour son bon cœur, de témoigner sa respectueuse gratitude à ses anciens maîtres, et son amitié toujours si vive à ses condisciples. Il voulait encore une fois parler à ses chers pauvres. Il vit ceux de la ville au collège même, et ceint du tablier traditionnel, il voulut leur distribuer la desserte des tables, et leur témoigner de vive voix combien il avait été touché de leurs ferventes prières pour sa santé.

Bien plus, malgré la faiblesse de ses jambes, faiblesse grande encore, et en dépit de l'éloignement des divers hameaux de la banlieue fort étendue de Redon, il alla voir de chaumière en chaumière ses anciens protégés. Son apparition au milieu d'eux fut une véritable fête, et jamais ils n'oublieront cette visite, qui devait être le suprême adieu...

De retour dans sa famille, le cher Henri, loin de se guérir radicalement, vit ses forces décliner peu à peu. Il eut beaucoup à souffrir de l'hiver, et les premiers jours du beau temps n'amenèrent pas de mieux. Il avait cependant beaucoup espéré sur le retour du printemps, et parfois il disait : « si le printemps ne me ramène pas, je suis perdu! » D'autres fois il disait : « si le bon Dieu daigne me rendre la santé, je me consacrerais tout entier à son service, mais avant tout et pardessus tout, que sa sainte volonté soit faite ! »

Cette volonté sainte était qu'il quittât bientôt cette vallée de larmes. Henri le comprit d'autant mieux que le 19 mars, fête de la Saint Joseph, ayant essayé de faire une petite promenade, il se sentit tout-à-fait épuisé et se coucha de bonne heure le soir. C'était pour ne plus se relever. Dès le lendemain, il fit appeler son confesseur, et eut avec lui un long entretien. Toute fois le bon prêtre, ne croyant pas à un danger prochain, ne lui parla point encore des derniers sacrements. Mais bientôt des crises terribles survinrent, Henri étouffait et semblait parfois sous le point de rendre l'âme. C'est lorsque le cher malade, saisissant son crucifix, nous écrit sa pieuse sœur, à qui nous devons les détails édifiants des dernières heures, il disait avec un accent de foi ardente ! « Oh ! mon Jésus, ayez pitié de moi. »

Cependant le prêtre averti de nouveau lui donna promptement, d'abord l'extrême-onction, et dans un moment du plus grand calme le saint viatique. Maître absolu de lui-même, Henri reçut les sacrements avec les sentiments de la plus vive piété, suivant les prières et y répondant lui-même.

La fin approchait, les étouffements se succédaient rapidement, la faiblesse était extrême… Tout le monde attristé autour de son lit évitait de faire le plus petit bruit. Dans cette heure pleine d'anxiété, des ouvriers faisaient un bruit assourdissant et retentissant avec leurs pioches et leurs barres de fer dans une carrière ouverte tout près de la maison. Cela devait grandement gêner le malade, et on lui en fit l'observation, mais lui de répondre avec douceur toute angélique : « Je ne suis plus de ce monde ; quant à ces pauvres ouvriers, ils ont besoin de gagner leur vie ; de grâce, laissez les travailler. »

Puis le sourire sur les lèvres, il fit toutes ses petites recommandations pieuses à ses bien-aimés parents, les priant surtout d'envoyer ce qui pouvait rester d'argent dans sa bourse pour ses chers pauvres de Saint-Sauveur.

A peine avait-il fini et reçu une dernière bénédiction, qu'il s'endormait doucement dans le Seigneur.

C'était le 21 mars, à 10 heures du soir.

Ainsi se termina cette existence courte, mais si bien remplie. — *Consummatus in brevi, explevit tempora multa.*

Que de larmes autour de cette couche funèbre, mais comme elle était pleine d'espérance !

Le corps lui-même, que de pieuses parentes voulurent ensevelir de leurs propres mains, sembla revêtir quelque chose des splendeurs célestes. Son visage parut si beau et comme rayonnant de joie à tous, à ces bons villageois d'alentour, qui vinrent s'agenouiller en grand nombre et prier dans la chambre mortuaire, qu'ils se retiraient les larmes aux yeux et disait : « Oh ! ce cher monsieur Henri est beau à voir.... Il était si bon de son vivant.... Maintenant il est heureux au paradis. » Et tous se firent un devoir d'assister pieusement à ses funérailles.

Quant à nous, puisqu'il nous a été donné de retracer ici quelques récits de cette vie si chrétienne, et si digne, nous le croyons du moins, de figurer avec honneur dans les annales de l'antique abbaye devenu depuis si longtemps notre cher collège Saint-Sauveur de Redon, nous aimons à nous rappeler, en les appliquant à notre cher condisciple Henri, ces belles paroles des saints livres.

« *Beati que in domino morientur.... opera enim illarum sequentur illas.* »

« *Beati misericordes, quoniam ipsi misericordiam conséquentur.* »

« *Fiant novissima nostra (hujus) similia !* »

Nantes. — Imp. Nouvelle, H. Bellinger & Fils, rue Santeuil, 8.

www.ingramcontent.com/pod-product-compliance
Lightning Source LLC
Chambersburg PA
CBHW071308130726
47998CB00003B/1379